Meine ersten Jesusgeschichten

gondolino

FSC
www.fsc.org
MIX
Papier | Fördert gute Waldnutzung
FSC® C018236

ISBN 978-3-8112-3558-8
1. Auflage 2023

Texte: Svenja Nick
Illustrationen: Milada Krautmann
Umschlaggestaltung: Olga Seuß
Printed in the EU

Der Umwelt zuliebe gedruckt auf chlorfrei gebleichtem Papier.

www.gondolino.de

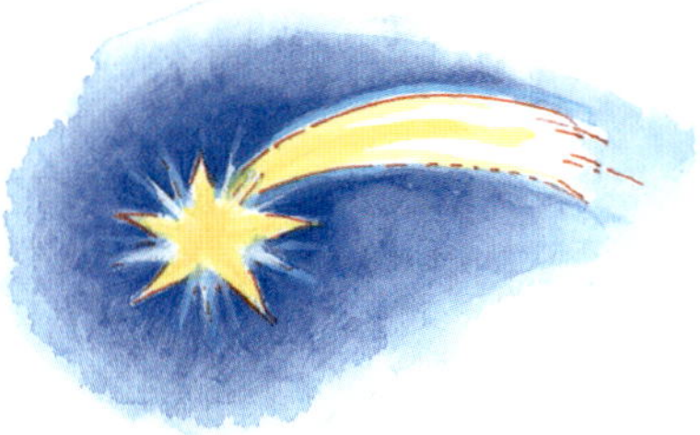

Inhalt

Wer war Jesus Christus?

Jesus wurde in Bethlehem in Judäa geboren, zu einer Zeit, als König Herodes über das Land herrschte. Seine Mutter war Maria aus Nazareth. Ihr war ein Engel Gottes erschienen. Der Engel Gabriel hatte zu ihr gesagt: „Fürchte dich nicht, Maria! Du bist von Gott auserwählt worden. Du wirst einen Sohn bekommen, den du Jesus nennen sollst, den Sohn Gottes. Er wird die Welt retten.“

Während Maria ihr Kind erwartete, musste sie mit ihrem Mann Josef nach Bethlehem reisen. Aber in Bethlehem fanden sie keine Unterkunft. Deshalb übernachteten sie in einem Stall. In dieser Nacht wurde Jesus geboren.

Ein heller Stern stand am Himmel über dem Stall und die Hirten kamen von den Feldern, um den neugeborenen Messias zu sehen. Auch drei Weise aus dem Morgenland erschienen und brachten Geschenke.

Das Weihnachtsfest erinnert uns heute noch an die Geburt Jesu.

Als Jesus erwachsen geworden war, wurde er vom Propheten Johannes getauft. Er zog umher und sprach zu den Menschen vom Reich Gottes. Er erzählte den Menschen Geschichten, um ihnen zu erklären, wie sie ein gutes und gerechtes Leben führen konnten, denn nur so würden sie in den Himmel zu Gott kommen und das ewige Leben erlangen. Um sie von Gottes Macht zu überzeugen, vollbrachte er viele Wunder, durch die armen und kranken Menschen geholfen wurde.

Jesus und die Fischer

Am Ufer des Sees Genezareth sah Jesus zwei Fischerboote liegen. Die Fischer waren die ganze Nacht auf dem See gewesen, aber sie hatten nichts gefangen. Da stieg Jesus in das Boot von Simon, dem Fischer, und sagte zu ihm und seinem Bruder Andreas: „Fahrt noch einmal hinaus und werft die Netze aus!"

Diesmal fingen die Fischer so viele Fische, dass sie noch ihre Freunde Jakobus und Johannes herbeirufen mussten, um zu helfen. Ehrfürchtig fielen die Fischer vor Jesus auf die Knie. Aber Jesus sagte zu ihnen: „Habt keine Angst! Kommt lieber mit mir und lernt von mir."

Die zwölf Apostel

Überall, wo Jesus erschien, um zu predigen, versammelten sich viele Leute um ihn. Bald folgte ihm eine große Gruppe von Menschen, die an ihn glaubten und von ihm lernen wollten.

Einmal stieg Jesus auf einen Berg, weil er allein sein wollte. Die ganze Nacht betete er zu Gott. Am nächsten Tag kam er wieder herunter und rief seine Gefolgsleute zu sich.

Er wählte zwölf von ihnen aus, die von nun an immer bei ihm sein sollten: Das waren die vier Fischer Andreas, Jakobus, Johannes und Simon, den er Petrus nannte, sowie Philippus und Bartholomäus, Matthäus und Thomas, der andere Jakobus, dazu Simon, Judas, der Sohn des Jakobus, und Judas Iskariot. Diese zwölf wurden seine Apostel.

Jesus heilt einen Gelähmten

Eines Tages kamen zwei Männer mit einer Trage, auf der ein Gelähmter lag. Sie wollten ihn zu Jesus ins Haus bringen, denn sie glaubten, dass er ihn heilen könne. Aber vor der Tür hatte sich eine große Menschenmenge versammelt und sie kamen nicht durch. Deshalb kletterten sie aufs Dach, nahmen die Ziegel ab und ließen die Bahre dann von oben zu Jesus herunter.

Jesus sagte zu dem Gelähmten: „Deine Sünden sind dir vergeben."

Da ärgerten sich einige Leute und sagten: „Nur Gott kann Sünden vergeben! Warum heilt er ihn nicht?"

Aber Jesus sagte zu ihnen: „Ich werde euch beweisen, dass auch ich die Macht habe, den Menschen auf Erden ihre Sünden zu vergeben. Denn ich bin Gottes Sohn."

Und zu dem Gelähmten sagte er: „Steh auf und geh heim!"

Da stand der Mann auf und ging davon, und die Menschen trauten ihren Augen nicht und riefen: „Das ist ja unglaublich!"

Die Hochzeit zu Kana

Einmal fand in Kana eine große Hochzeit statt. Auch Jesus und seine Jünger und seine Mutter Maria waren eingeladen. Nach einer Weile sagte Maria zu Jesus: „Den Gastgebern ist der Wein ausgegangen."

Und zu den Dienern sagte sie: „Tut genau, was er euch sagt. Er wird euch helfen."

Jesus wies die Diener an, sechs große Krüge aus Stein mit Wasser zu füllen. Der Küchenmeister kostete einen Schluck. Dann rief er verwundert den Bräutigam herbei und sagte: „Dieser Wein ist viel besser als der Wein, den du vorher deinen Gästen serviert hast! Warum holst du erst jetzt deine Schätze aus dem Keller?“

Damit war allen klar: Jesus hatte das Wasser in Wein verwandelt. Er konnte wahre Wunder vollbringen.

Die Bergpredigt

Jesus stieg auf einen Berg und setzte sich dort nieder. Seine Jünger versammelten sich um ihn und eine große Menge von Menschen hörte ihm von Weitem zu. Jesus wollte den Menschen erklären, wie sie ein Leben führen konnten, das Gott gefiel. Deshalb sagte er:

„Wohl denen, die nicht sich selbst, sondern Gott in den Mittelpunkt ihres Lebens stellen, denn ihnen gehört das Himmelreich.
Wohl denen, die traurig sind, denn Gott wird sie trösten.
Wohl denen, die friedlich sind, denn sie werden einmal das Land besitzen.
Wohl denen, die nach Gerechtigkeit suchen, denn ihre Suche wird nicht vergeblich sein.
Wohl denen, die Mitleid mit anderen haben, denn sie werden Erbarmen finden.
Wohl denen, die ein reines Herz haben, denn sie werden Gott sehen."

In seiner Predigt gab Jesus den Menschen eine praktische Regel für den Umgang mit ihren Mitmenschen. Er sagte: „Behandle alle Menschen so, wie du auch selbst behandelt werden möchtest."

Das Vaterunser

Jesus sagte danach: „Und so sollt ihr beten:

Vater unser im Himmel,
geheiligt werde dein Name,
dein Reich komme,
dein Wille geschehe,
im Himmel wie auch auf Erden.
Unser tägliches Brot gib uns heute,
und vergib uns unsere Schuld,
wie auch wir vergeben unsern Schuldigern,
und führe uns nicht in Versuchung,
sondern erlöse uns von dem Bösen.
Denn dein ist das Reich und die Kraft und die Herrlichkeit
in Ewigkeit. Amen."

Jesus zügelt den Sturm

Eines Abends, als Jesus wieder am See Genezareth gepredigt hatte, sagte er zu seinen Jüngern: „Lasst uns ans andere Ufer fahren."

Als sie in die Boote gestiegen waren und den See überquerten, kam ein schwerer Sturm auf. Der Wind schüttelte die Boote und Wasser schlug herein, aber Jesus lag ganz ruhig auf einem Kissen und schlief. Seine Jünger hatten große Angst. Sie weckten ihn und riefen: „Wir gehen unter! Ist dir das denn ganz egal?"

Da stand Jesus auf und sagte: „Schweig, Sturm!“
Und sogleich legte sich der Wind und es wurde still.

„Was habt ihr denn solche Angst?“, fragte Jesus seine Jünger. „Habt ihr denn keinen Glauben?“ Und die Jünger dachten bei sich: „Was ist das für ein Mensch, der dem Wind und dem Wasser befehlen kann?“

Jesus ist stärker als der Tod

Kaum hatten Jesus und seine Jünger das andere Ufer erreicht, da versammelte sich gleich wieder eine große Menschenmenge um sie.

Auf einmal kam der Vorsteher des Gotteshauses angelaufen und rief: „Meine Tochter liegt im Sterben. Bitte komm und hilf ihr!“

In der Menschenmenge war auch eine sehr kranke Frau. Sie trat nahe an Jesus heran und berührte sein Gewand. Denn sie glaubte, wenn sie nur sein Kleid berührte, würde sie schon geheilt. Und genau so war es.

Jesus drehte sich um und fragte: „Wer hat mein Gewand berührt?" Da fiel die Frau auf die Knie, denn sie fürchtete sich. Aber Jesus sagte zu ihr: „Dein Glaube war es, der dir Heilung gebracht hat! Gehe hin in Frieden und sei gesund!"

Als Jesus und seine Jünger das Gotteshaus erreichten, hörten sie lautes Weinen und Klagen, denn die Tochter war gerade gestorben. Der Vorsteher des Gotteshauses war verzweifelt, weil nun alles zu spät war. „Hab keine Furcht“, sagte Jesus zu ihm. „Vertraue mir!“

Er trat ins Haus und schickte alle hinaus bis auf die Eltern des Mädchens. Dann nahm er ihre Hand und sagte: „Mädchen, steh auf!“

Und das Mädchen stand auf und lief wieder umher, vollkommen lebendig und gesund.

Jesus gibt allen zu essen

Einmal hatte Jesus wieder den ganzen Tag einer großen Menschenmenge gepredigt. Abends sagten die Jünger zu ihm: „Schick die Leute weg, damit sie sich in den Dörfern etwas zu essen kaufen können.“

„Warum gebt ihr ihnen denn nichts zu essen?“, fragte Jesus.

„Weil wir nur noch fünf Brote und zwei Fische haben“, antworteten die Jünger. „Und das hier sind mindestens fünftausend Leute.“

„Bringt sie her!“, befahl Jesus.

Er nahm die fünf Brote und die beiden Fische und sprach ein Segensgebet. Dann brach er die Brote in Stücke und reichte sie seinen Jüngern. Die verteilten das Brot an die Menschenmenge – und siehe da, alle wurden satt. Und es blieben sogar noch zwölf Körbe voll Brot übrig!

Jesus geht auf dem Wasser

Als es dunkel wurde, stieg Jesus allein auf einen Berg, um dort zu beten. Seinen Jüngern hatte er gesagt: „Steigt ins Boot und fahrt schon mal voraus über den See – ich komme nach."

Mitten in der Nacht sahen die Jünger plötzlich jemanden über den See auf sich zukommen. Sie schrien vor Angst, denn sie glaubten, es sei ein Gespenst. Wer sonst könnte auf dem Wasser gehen?

„Fürchtet euch nicht“, sagte Jesus. „Ich bin es doch.“

„Wenn du das wirklich bist, Herr“, antwortete Petrus, „dann lass mich auch übers Wasser gehen und zu dir kommen.“

„Komm nur!“, sagte Jesus. Und Petrus stieg aus dem Boot und lief über das Wasser auf Jesus zu.

Doch plötzlich kam ein Wind auf und Petrus bekam Angst. Sofort versank er im Wasser.

„Hilfe!“, rief er. „Rette mich, Herr!“

Jesus streckte die Hand aus, hielt ihn fest und sagte: „Dein Glaube ist noch nicht stark genug! Wenn du zweifelst, gehst du unter.“

Die Jünger im Boot aber verbeugten sich vor ihm und sagten: „Du bist wirklich Gottes Sohn.“

Der barmherzige Samariter

Einmal kam ein Schriftgelehrter zu Jesus und fragte:
„Was muss ich tun, um in den Himmel zu kommen?“

„Was steht denn im Gesetz?“, fragte Jesus.

Der Gelehrte antwortete: „Liebe Gott von ganzem Herzen
und liebe deinen Nächsten wie dich selbst.“

Da sagte Jesus: „Du hast richtig geantwortet. Wenn du danach
handelst, wirst du in den Himmel kommen.“

Der Gelehrte wollte es aber genau wissen und fragte:
„Und wer ist mein Nächster?“

Da erzählte Jesus folgende Geschichte:

Ein Mann wurde auf dem Weg von Jerusalem nach Jericho von Räubern überfallen. Sie raubten ihn aus und ließen ihn schwer verwundet am Wegrand liegen.

Da kam ein Priester vorbei. Er sah den Mann und dachte: „Das ist bestimmt kein guter Mann." Und er ging vorbei.

Dann kam ein Tempeldiener vorbei. Er sah den Mann und dachte: „Er ist bestimmt schon tot, und als Tempeldiener darf ich keine Toten anfassen." Und er ging vorbei.

Schließlich kam ein Samariter vorbei. Die Samariter wurden damals in dieser Gegend missachtet. Aber der Samariter hatte Mitleid mit dem Verletzten, ging zu ihm und verband seine Wunden. Dann setzte er ihn auf sein Maultier und brachte ihn zu einer Herberge, wo er versorgt wurde.

Jesus fragte den Schriftgelehrten: „Wer von den dreien hat nun den Verletzten wie seinen Nächsten behandelt?“

„Der, der Mitleid gehabt hat“, antwortete der Gelehrte.

Da sagte Jesus: „Geh und handle genauso.“

Der Größte im Himmelreich

„Wer von uns wird wohl der Größte im Himmelreich sein?", fragten sich die Jünger. Jesus sah, dass es ihnen an Demut fehlte. Deshalb rief er ein Kind herbei und sagte:

„Ich sage euch, wenn ihr nicht bescheiden und vertrauensvoll werdet wie die Kinder, dann könnt ihr nicht ins Himmelreich kommen. Wer sich so klein macht wie dieses Kind, der ist der Größte im Himmelreich. Und wer ein solches Kind aufnimmt, der nimmt mich auf."

Die Jünger sahen ihn betreten an, aber Jesus fuhr fort:

„Denkt nicht, dass die Kleinen nicht wichtig sind! Was glaubt ihr wohl: wenn einer hundert Schafe hat und das kleinste von ihnen verirrt sich in den Bergen – lässt er dann nicht die neunundneunzig Schafe allein und geht das Kleine suchen? Genauso ist es mit eurem Vater im Himmel. Er möchte nicht, dass auch nur eines von seinen Kleinen verloren geht.“

Der verlorene Sohn

Einmal erzählte Jesus dieses Gleichnis:

Ein Mann hatte zwei Söhne. Der jüngere Sohn kam zu ihm und bat ihn: „Gib mir meinen Anteil am Familienvermögen, ich möchte fort.“ Der Vater gab ihm das Geld und am nächsten Tag reiste der Sohn ab.

Er zog in ein fernes Land, führte dort ein gutes Leben und bald war das ganze Geld verbraucht. Jetzt ging es ihm so schlecht, dass er für andere Leute die Schweine hüten musste, und selbst die Schweine hatten mehr zu essen als er. Da schämte er sich und dachte: „Wenn ich als Tagelöhner für meinen Vater arbeiten würde, ginge es mir noch besser als hier."

Deshalb machte er sich auf und kehrte zu seinem Vater zurück.

Als er zu Hause angekommen war, sagte er:
„Vater, ich habe alles falsch gemacht. Ich bin es nicht mehr wert, dein Sohn zu sein – ich werde als Tagelöhner für dich arbeiten."

Aber der Vater nahm ihn überglücklich in die Arme und rief:
„Holt Kleider für meinen Sohn! Schlachtet ein Kalb und lasst uns feiern – denn mein Sohn war verloren und ist wieder zu uns zurückgekehrt!"

Der ältere Sohn sagte wütend zu seinem Vater: „Ich habe immer alles richtig gemacht und hart gearbeitet. Aber für mich hast du nie ein Kalb geschlachtet. Warum tust du es jetzt für den, der sein ganzes Geld verprasst hat?"

Da sagte der Vater zu ihm: „Was mir gehört, ist auch deins. Ich war immer für dich da. Jetzt aber freuen wir uns, dass dein Bruder seine Fehler bereut hat und wieder bei uns ist."

„Und genauso ist es mit Gott", sagte Jesus. „Er öffnet seine Arme für jeden, der seine Sünden bereut."

Bibelstellen